IBTIDA-Početak

Translated to Croatian from the English version of IBTIDA

Dr. Paramita Mukherjee Mullick

Ukiyoto Publishing

Sva prava na globalno objavljivanje drže

Ukiyoto Publishing

Objavljeno 2025

Autorsko pravo na sadržaj © *Dr. Paramita Mukherjee Mullick*
ISBN 9789370095441

Sva prava pridržana.
Nijedan dio ove publikacije ne smije se reproducirati, prenositi ili pohranjivati u sustavu za pretraživanje, u bilo kojem obliku na bilo koji način, elektronički, mehanički, fotokopiranjem, snimanjem ili na neki drugi način, bez prethodnog dopuštenja izdavača.

Zaštićena su moralna prava autora.

Ova se knjiga prodaje pod uvjetom da se ne smije putem trgovine ili na neki drugi način posuđivati, preprodavati, iznajmljivati ili na drugi način puštati u optjecaj, bez prethodnog pristanka izdavača, u bilo kojem obliku uveza ili omota osim onog u kojem je objavljena.

www.ukiyoto.com

Posvećen Hrvatskoj i njezinim divnim ljudima

(Ova knjiga je dostupna i na engleskom jeziku)

Predgovor

Zaljubio sam se u ovu urdu riječ 'ibtida' što znači početak. Godine 2023., dok sam putovao na odmor, pogledao sam dolje kroz prozor aviona i još jednom shvatio da nema prepreka između zemalja… sve ograde, sve razlike stvorio je čovjek. Ova je misao bila početak nove vrste slobode. I naravno! Svoju zbirku pjesama morao sam nazvati "Ibtida-Početak". Većina pjesama nastala je tijekom odmora u egzotičnoj Hrvatskoj i neke u Švicarskoj u koju smo putovali, i naravno! Mnoge su nastale kad sam putovao u svoju nutrinu.

Ne samo da su ove pjesme o prirodnim ljepotama Hrvatske, već su i dokumentacija o povijesti različitih mjesta u Hrvatskoj; primjer kuća i ulica Hrvatske; geografski aspekti Hrvatske; pjesme o velikim hrvatskim književnim ličnostima te mitovi i legende Hrvatske.

Sastavljam ovu zbirku poezije početkom 2025. godine… čemu ovo kašnjenje? Nakon povratka s tog odmora počeo sam računati sve pjesme koje sam napisao na tom odmoru. Računalo mi se pokvarilo i moji spremljeni podaci su izgubljeni. Ja kao vječni optimist, suočio sam se sa situacijom i rekao sam sebi da ću ponovno početi sastavljati ovu knjigu. Pa sam prekopao po polici s knjigama i izvadio debeli crni dnevnik u koji sam zapisao sve pjesme.

Volim rimovanja u pjesmama pa ćete primijetiti da mnoge pjesme slijede shemu rimovanja. Također sam posebno izradio neke pjesme na takav način da dva stiha završavaju istom riječju i opet nekoliko pjesama gdje svi stihovi počinju člankom 'The', više kao anafora. Neke pjesme nastale su vozeći se motornim čamcem po Jadranskom moru. Ove pjesme imaju poseban značaj jer sam se uvijek bojao velike brzine, ali na ovom putovanju od Splita do Modre špilje u superbrzom motornom čamcu, pobijedio sam svoju fobiju od brzine.

Kao i većina mojih zbirki poezije, i ova knjiga ima šezdeset pjesama i pet odjeljaka – pokušao sam dati urdu uz engleski: Voyage (safar); Odiseja (safar ki daastaan); Izlet(tafreeh); Putovanje (behri safar);

Ekspedicija (faur). Svi ovi dijelovi su različiti oblici putovanja jer svi krećemo na putovanje od početka.

Naslovnica je za mene vrlo posebna. Moj dragi muž me slikao na Plitvičkim jezerima i taj dan nam je bila godišnjica. Ova me fotografija inspirirala da napišem pjesmu "Moja sjena".

Uživajte u mojim mislima i emocijama kroz moje pjesme!

Paramita Mukherjee Mullick, dr. sc.

31. siječnja 2025

PRIZNANJE

Zahvalan sam Svemogućem što sam rođen u obitelji u kojoj je obrazovanje bilo vrlo važno i moji vrlo prosvijećeni roditelji, moja majka gospođa Sima Mukherjee i moj poznati otac profesor (dr.) DP Mukherjee su usadili u mene žeđ za znanjem i ekstazu utapanja u oceanu znanja. Ovo znanje mi pomaže da pišem i također mi pomaže da osjetim i vidim čudo stvari.

Blagoslivljam dan kad sam se zaljubila u muškarca; jednostavno, suosjećajno i super briljantno. Ovaj čovjek, moj suprug, stalna podrška, savjeti i dobre želje gospodina Sudipa Mullicka održali su u meni optimizam i pozitivnost. Taj mi optimizam pomaže da pišem pjesme koje donose svjetlo u tami i nadu u očaj. Moja mlada odrasla kći Sankalpita Mullick, romanopisac u dobi od četrnaest godina, obogaćuje me svaki dan svojim dubokim mislima i intenzivnim raspravama o životu. Ova interakcija mi iznimno pomaže u pisanju.

Ovo je moja prva knjiga s Ukiyotom i želio bih zahvaliti timu Ukiyota na izdavanju ove knjige.

Dr. Paramita Mukherjee Mullick

SADRŽAJ

PUTOVANJE (Safar)	**1**
Misterij planina	2
The Swallows	3
Planinske kiše	4
Skrivanje oblaka s planinama	5
Zeleni prozori	6
Blue Wash	7
The Spray	8
Prizma	9
Kad je pao sumrak na Interlaken	10
Peirene*	11
ODISEJA (Safar ki daastaan)	**12**
Čekanje	13
Muzej	14
Staro i novo	15
Besprostor	16
Upijanje ljepote	17
Ljepota nesavršenosti	18
Dajte šansu miru	19
Maske za oči	20
Rupe od metaka	20
Ljubav, jedini odgovor	21
Svjetlo u našim srcima	22
Impermanence	23
Vjera	24
Izlet (Tafreeh)	**26**
Zadarske Morske orgulje	26
Pozdrav zadarskom suncu	27
Bog sunca	28
Prekrasan zalazak sunca	29
Vožnja	30

Dokle god moje oči sežu	31
Tamo gdje se planina i more spajaju	33
Što je mir?	34
Otac hrvatske književnosti	35
Sunčeva svjetlost na travi	36
Tražio sam i dao si mi	37
Legenda o Crnoj kraljici	38
Šarena Plitvička jezera	39

PUTOVANJE (Behri safar) — 40

Moja sjena	41
Linda	42
Dan u Zagrebu	44
The Gap	45
Olimpijski plamen	46
Malo vremena za Green Room	48
Um je kralj	49
Sfinga	50
Različite istine	51
Oblaci su jurili na mene	52
Zakoračite u vlastitu čaroliju	53
Hvatanje trenutaka	54

EKSPEDICIJA (faur) — 55

Blue Mist	56
Željezno prijestolje	57
Marin Držić'	57
Drvo ružičastog oleandra	58
Moji hramovi	59
Kad svi okovi raskinu (Mumbai) Molim	60
Svjetla na Viktorijinom spomeniku	61
U potrazi za ljubavlju	62
Drvo govori	64
Dioklecijanova palača	65
The Dragon Room	65

The Cellars of the Palace   66

O autoru   *68*

PUTOVANJE (Safar)

Misterij planina (Interlaken, 7.11.23. u 21:10)

Zelene planine prekrivene četinarskim drvećem.
Slojevi i slojevi nabora.
Skriva toliko tajni, toliko folklora.
U susret prekrasnim planinama
Prešao sam tolika mora.

Zelene planine svuda okolo
A baš na sredini snijeg je prekrio Jungfrau.
Blještavilo, veličanstvo, s poštovanjem se klanjamo.
Ljeto je, ali snijega ima u izobilju.
Mir se nalazi u prirodnim ljepotama.

The Swallows (Split, Hrvatska 18/7/23 u 5.37 sati)

Nebo svijetlo ružičasto.
Prekrasno beskrajno more.
Toliko brodova usidrenih u luci.
Na jednoj masno ispisano Jadrolinija.
Jutro sviće.
Postoji obavijest kapetana na razglasu.
Svjetla na brodu su ugašena.
Neki labudovi iznenada kvocnu.
Nekoliko galebova leprša okolo
Ali postoji još jedan sladak zvuk.

Posvuda lastavice cvrkuću.
Čini se da je nebo puno lasta.
Na kućama s crvenim crijepom
I na palmama.
Ponekad u jatima, a ponekad potpuno sami.
U blizini zvoni crkveno zvono
Svjetlost obasjava nebo.
Brodovi pokreću motore.
Vidim nekoliko motornih čamaca kako idu.
Ali cvrkut lastavica najslađa je pjesma.

Planinske kiše (Interlaken 7.11.23. u 21:00)

Listovi kiše i listovi kiše

Zelene planine postale su izblijedjele i maglovite.

Sumrak pada kao plahta.

Na nebu se igraju oblaci sivi.

Snježni vrhovi i dalje blistaju.

Kiša šiba po crnogoričnom drveću.

Bijele plahte naspram maglovito zelene boje.

Plavo jezero Thun u podnožju planina koje se mreška na kiši.

Odjednom se upale svjetla u čamcima.

Treperenje svjetla na jezeru.

Ali zelene planine su u tamnoj sjeni.

Nema svjetla, nema pokreta, samo siluete.

Ali veličanstveni Jungfrau sa svojim snježnim pokrivačem ipak je svijetlio.

Što je tamo gore?

Ne treperi li svjetlo na snježnim kapama?

Na obližnjoj planini vide se siluete crnogorice.

Prijateljstvo planina, kiše i neba.

Skrivanje oblaka s planinama
(Interlaken 13/7/23 u 7.22 ujutro)

Oblaci se igraju s planinama.
Plutaju po pukotinama i stranama.
Kiša u plahtama posvuda i sreća ostaje.
Skrivači oblaka s planinama.

Oblaci se igraju s planinama.
Snježni Jungfrau nestao je iza oblaka.
Blistavi snijeg koji viri iz oblaka.
Gore lebde sivi oblaci.

Oblaci se igraju s planinama.
Oštre siluete crnogorice stoje uspravno.
Grmi grmi i kiša u plahtama se lomi.
Planine se magle.

Oblaci se igraju s planinama.
Posvuda bijele plahte kiše.
Oblaci draže planine da se usude.
Pjesnik rado uživa u predstavi.

Zeleni prozori (Split, Hrvatska 18/7/23 u 9 ujutro)

Zeleni prozori s kapcima
Ovdje u Splitu prozore vidim.
Kapke možete podići ili spustiti
Ove zelene kapke mi se čine poznatima.

Kućice poput kuća sa zelenim kapcima.
Drvene konstrukcije svjetlucaju na suncu.
Zeleni kapci s prorezima
Dodaje ljepotu užurbanom trčanju.

Zeleno. zeleni prozori s kapcima
Kuće s crvenim pločicama uokolo.
Sunce proviruje kroz razlivene kapke
Prozori koji me podsjećaju na staru Calcuttu, duboka sjećanja.

Blue Wash (Split do Modre špilje, 19/7/23 u 8.30 ujutro)

Plavo plavo Jadransko more.

Nabori planina daleko od mene.

Nijanse različitih plavih boje boje planine.

Voda iza čamca pljušti kao vodoskok.

Nebo iznad je praškasto plavo.

Odjednom se pojavi otok.

Tirkizna se stapa s kobaltom.

Opčinjen sam magijom, za to je kriva priroda.

Otoci u daljini postaju tamnoplavi.

Lijepa igra boja za mene i tebe.

The Spray (U brodu od Splita do Modre špilje, Hrvatska, 19/7/23 u 9 ujutro)

Pjena, pjena i sprej.
Sunce blista na vodi, niz boja.
Plave vode Jadranskog mora.
Voda iza našeg broda bijela i pjenasta.
Sunčeva svjetlost s vodom se igra.
Motorni čamac sam nađe svoj put.
Zlatna voda trese se i pleše.
Prskalica od sreće skače.
Motorni čamac za sobom ostavlja pjenasti trag.
Planine daleko iza su maglovite i blijede.
Pjena, pjena ispliva.
Čamac s nama ubrzava i njiše se.
Netaknuta bijela prska posvuda uokolo.
Sreća gledati prskanje vode u moru je novonađena.

Prizma (studeni'24)

Bio sam u svom laboratoriju.
Zraka svjetlosti prošla je kroz prizmu.
Bijelo svjetlo razbilo se u sedam boja.
Refrakcija svjetlosti dovela je do spektra.
Izmjerio sam kutove i mikromilimetre refrakcije.

Ušao sam u svijet.
Vidio sam svjetlost kako se lomi u različite oblike
Prijateljstvo, ljubav i nada.
Izvadio sam svoju mjernu vagu da ih izmjerim.
Nisam uspio… Kako sam mogao izmjeriti nešto što je beskrajno?

Kad je pao sumrak na Interlaken
(Interlaken, 7.11.23. u 19.30)

Kad se sumrak spustio na Interlaken
Svjetla su osvijetlila glavnu ulicu.
Plavičasta izmaglica prekrila je park Hohematte.
Paraglajdera više nije bilo.
Ulica je blistala poput rijeke.
Neke šarene konjske zaprege bile su u redu.
Zelene planine u daljini bile su zastrte plavičastim oblacima.
Jezero Thun u podnožju blistalo je u blijeđem svjetlu.
Ja, hipnotizirani pjesnik, gledao sam dolje u grad iz bajke,
Koja je bila obasjana kraljevskim sjajem.
Svjetla su svjetlucala u dalekim dolinama
A svjetla su svjetlucala dolje.
Restorani su vrvjeli ljudima.
U jednom sam mogao čuti glazbenu dramu.
I muškarci i žene bili su u tradicionalnoj nošnji.
Istegao sam vrat s balkona svog hotela.
Vidio sam ženu kako svira klavir.
Slatke pjesme razbijale su tišinu večeri.
U zraku se osjećala magija.
Magije je bilo posvuda.

.

Peirene* (Mumbai, 11.1.23. u 19:19)

Odakle mi mašta za pisanje?
Odakle mi snaga za borbu protiv zla?
Koji je izvor moje inspiracije?
Koju izvorsku vodu pijem za motivaciju?
Trebam li se vratiti u prošlost u Grčko Carstvo?
Da zapalim vatru u trbuhu?
Peireneu, izvoru inspiracije i radosti?
Jašem li bijelog pastuha Pegaza u ovoj fori?
Gdje muze plešu i vesele se.
I skromni pjesnik poput mene, pronađi glas.

Ali zašto bih se vraćao
Kad me priroda drži u vrhu?
Šareno cvijeće i pčele.
Lišće šušti na drveću.
Kad su dragi u blizini.
U njihovom smijehu buja ljubav.
Kad su različite emocije u igri.
Putovati na različite načine
Djeca trče i igraju se, čujem njihov radosni zvuk.
Ovdje sam, u sadašnjosti, našao svoju peirenu.

*Peirene—fontana u grčkoj mitologiji gdje su pjesnici putovali kako bi pili njenu vodu za inspiraciju

ODISEJA (Safar ki daastaan)

Čekanje (zračna luka Zürich 14/7/23)

U zračnoj luci Zürich
Sjedi ispred prodavaonice pereca.
Ljudi različitih zemalja i različitih vrsta.
Ali sve s istim emocijama i mislima koje nalazim.
Okrugli stolovi s visokim stolicama.
Oko njih sjede obitelji.
Sushi i japanski Deli malo dalje.
Toliko različitih ljudi na različite načine.
Znakovi koji pokazuju Ausgang/Izlaz i preuzimanje prtljage.
Neki znakovi pokazuju drugačija vrata.
Sjedim u Wartehalle/Čekaonici.
Pisanje pjesama i projektnih ideja.
Čeka odlazak u drugu zemlju.
Čekam da upoznam ljude različitih kultura.
Malo podalje vidim kuću Caviar i Punier.
Raznolika gomila u meni budi različite emocije.
Zračna luka je lonac za topljenje ljudi.
Sastanak i ponovni odlazak na put.
Različiti pravci, različita odredišta.
Putnik ja sve to promatra s velikom fascinacijom.

Muzej (Zürich 14/7/23)

Fasciniran poviješću i kulturom.
Muzeji su moj predah, moje utočište.
Kad sam odlučila posjetiti Muzej antropologije.
Moja je obitelj bila sa mnom da uživam u boravku.
Moja je kći guglala kako bi pronašla put.
Mi smo se u različitim tramvajima ljuljali.
Grad Zürich isprepleten i povezan tramvajima.
Uživali smo u cijelom gradu vozeći se njima.
Zatim smo stigli do Sveučilišta.
Gdje se subjekti spajaju kako bi donijeli univerzalnost.
Popeli smo se stubištem i zatim prešli most.
Eto i gle! Vidjeli smo šareni muzej.
Ušli smo upiti znanje i zabaviti se.
Priča o evoluciji nas, *Homo sapiensa*
Uspravnog držanja i velikog mozga.
Eksponati neandertalaca koji su dugo preživjeli.
Vraćanje slika, zaboravljene pjesme.
Sjećanje na mog oca velikog antropologa.
Ovaj posjet bio je poput ode njegovom sjećanju.
Moj je suprug skrenuo moju pozornost na alate pračovjeka
Podsjećajući me na to kako je moj otac mogao zaključiti koliko su stari.
Preparirane čimpanze i organ-gutani.
Stanište i način života pračovjeka.
Antropologija nas uči da mi ljudi možemo imati različite kulture i neke su možda pobijedile.
Ali mi smo ista biološka vrsta i mi smo JEDNO.

Staro i novo (Spilt, Hrvatska 18/7/23 u 10 sati)

Staro i novo postoje zajedno.

U ovoj valovitoj ulici zauvijek.

Kameni zidovi i prozori sa zelenim kapcima na nekima.

Druge kuće su potpuno nove, miješanje…to je čar.

TV antene iz 70-ih na vrhu

U doba pametnih televizora nije li to promašaj?

Ali eto ih, strše na terasi.

Opet pametni televizori u drugim kućama bez farse.

Kuće sa starim kamenim zidovima

Ispred njih šareni štandovi.

Staro i novo u harmoniji

Živjeti jedni pored drugih u harmoniji.

Besprostor (U čamcu od Splita do Modre špilje, 19.7.23. u 9.20)

Usred Jadranskog mora.
U motornom čamcu, daleko od kopna.

Osjećaj sretnog besprostora.
Osjećaj slobode.
Prevladavanje straha od brzine.
Prevladavanje straha od turbulencija.

Jahanje po plavom moru.
Udaljavanje od poznatog ka nepoznatom.

Osjećaj sretnog besprostora.
Osjećaj slobode.
Prevladavanje straha od brzine.
Prevladavanje straha od turbulencija.

Usred prostranog mora.
Nema zemlje, nema planina, samo mi.

Upijanje ljepote (Split, Hrvatska 19/7/24 u 21:22)

Svjetla svjetlucaju na obali.
Katamarani i brodovi parkirani na pristaništu.
More je postalo tamnoplavo.
Nebo koje se slaže sa svojom kobaltnom nijansom
Noć se spustila na ovaj hrvatski grad.
Negdje se čuje pjesma na engleskom.
Neki brodovi sa šarenim svjetlima.
Plovidba Jadranskim morem.
Nema više lasta koje prolaze i cvrkuću.
Nema više kvakanja galebova.
Tišina noći obavija se poput zastora.
Ogroman kruzer tiho se približava pristaništu.
Jarko plava svjetla na palubi.
Tiho upijam ljepotu Splita.

Ljepota nesavršenosti (Nakon što smo vidjeli napuknutog drvenog medvjeda na ulazu u Nacionalni park Plitvička jezera, Hrvatska, 20/7/24 u 17:25)

Oh drveni medvjed koji stoji uspravno!
Naćuljene uši i kako ti ruke sa strane padaju.
Vaša njuška je prilično velika i okrugla.
Vidljivi očnjaci, blagi strahoviti pogled.

Zbog sezonskih promjena
Postoje različiti temperaturni rasponi.
Dakle, događa se skupljanje i širenje.
Prirodni ples, zamršen ritam i pjesma.

Kad dani postanu duži i sunčeve zrake jake
Drvena vlakna upijaju vlagu i stvaraju se pukotine.
Svježa večer opet čini da se drvo skupi.
Dakle, pukotine nisu raspadanje već dio stalnog toka što je činjenica.

Kipar ljeti popunjava pukotine
Samo da skulptura ostane u redu, to nije promašaj.
Medvjed je istrošen i napuknut, ali nije slomljen.
Govori se o ljepoti nesavršenosti.

Dajte šansu miru (u letu, 22.6.22.)

John Lennon je drndao po gitari i pjevao "Give Peace a Chance".

Uvijek iznova bardovi i umjetnici zalažu se za mir.

Ovdje opet molim i preklinjem za mir.

Neka oružje ne grmi, neka bombe ne eksplodiraju.

Kakvu su štetu učinila djeca što su ostala siročad?

Kakav je zločin počinila mlada udovica da bi ostala udovica?

Zašto ovo nasilje, zašto ova okrutnost?

Zašto ova smrt od tisuća do beskraja?

Nema više projektila, nema više raketnih bacača.

Nema više nemira, nema više rata.

Dobrodošao mir, daj miru priliku.

Neka ljudi žive i napreduju.

Budimo svi sretni u plesu mira.

Maske za oči (na letu, 13/4/22)

Ako otvorimo maske za oči i vidimo.
Ima li razlike između tebe i mene?
Razlika u haljinama i hrani
Treba ga prihvatiti i treba biti u skladu s raspoloženjem pojedinca.

Diskriminacije su nam podigle zavjese.
Glasan poziv da se ne galami.
Religija, regija i boja su slučajnost rođenja.
Slavimo različitosti i ispunimo svijet veseljem.

Zločini, okrutnost, jer smo drugačiji.
Za nas ljude je zastor za komentiranje.
Bilo da pišemo zdesna nalijevo ili slijeva nadesno
Mi smo iste ljudske rase i nismo ovdje da se borimo.

Rupe od metaka (Dubrovnik, 15.7.23.)

Rupe od metaka na zidu crkve?
Crkva je za mir, crkva je za bratstvo.
Rupe od metaka na crkvi posvećenoj sv. Ksaveru.
Crkva na glavnoj ulici starog grada Dubrovnika.
Zaprepašteno smo gledali rupe od metaka.

Rupe od metaka na zidu crkve?
Rat nije ostavio prebivalište mira u miru.
Posvuda je izbušena rupama.
Crkva nijemi svjedok hrvatskog rata.
Domovinski rat za hrvatski narod.

Rupe od metaka na zidu crkve?
Petogodišnji rat, hrvatski rat.
Kad je i Dubrovnik granatiran.
Tisuće su umrle, a mnogi su ostali beskućnici.
Zgroženi smo gledali u rupe od metaka i molili Boga da zaustavi sve ratove.

Ljubav, jedini odgovor (Mumbai)

Rat je sukob, rat je svađa.
Rat je uništavanje ritmičkog vrtloga života.
Ideje i mišljenja zemalja mogu se razlikovati.
Ali ubijanje tisuća zbog toga je zastrašujuće.
Svaki život je dragocjen, svaki čovjek se cijeni.
U ratovima bez razloga ljudi su ginuli.
Ratovi za imovinu, ratovi za zemlju.
Dijeljenje svijeta u segmentirane trake.
Ratovi su vođeni za širenje kraljevstava.
Bez obzira na količinu prolivene krvi.
Ratovi ostavljaju tisuće ljudi bez domova.
Tisuće udovica i siročadi, što je nepotrebno.

Vrijeme je da svi ratovi prestanu i da poletimo s bijelim golubom.
Vrijeme je da širimo sreću i radost i sve obuhvatimo ljubavlju.

Svjetlo u našim srcima (Mumbai, studeni'24)

Svjetlo u našim srcima, što je to?
Naše srce je vitalni organ s četiri komore.
Kako svjetlost može biti prisutna tamo?
Lijeva i desna pretklijetka
I lijeve i desne klijetke.
Zašto svjetlo? Kako svjetlost može biti prisutna tamo?
Da, aorta prenosi životnu krv u sve dijelove tijela.
Ali ne nosi svjetlost.

Kako onda objasniti neke čudne događaje u životu?
Kći koja se žuri s posla kako bi bila uz svoju bolesnu majku.
Muž koji naporno radi samo da vidi osmijeh na licu svoje obitelji.
Majka koja žrtvuje svoje vrijeme i energiju za svoju djecu.
Prijatelj ide dodatno za drugog prijatelja.
Netko upozna stranca i taj stranac postane 'zauvijek' nečiji.
Tada srce zasja.
Ljubav i samo ljubav je svjetlo u našim srcima.

Impermanence (Mumbai, prosinac '24.)

Kap vode na lotosovom listu
Sjaji, trese se, sjaji i onda nestaje.
Duga na nebu sa sedam boja
Uljepšava okolinu, a zatim nestaje.
Tek procvali cvijet na stabljici
Vene i pada navečer.

Samo trenutak veličanstvene ljepote
A onda nestao zauvijek.
Pjesnik biva preplavljen takvim lijepim trenucima.
Čudo, čudo nepostojanosti, trajno ostaje
U srcu, u duši.
Nestalnost urezana zauvijek.

Vjera (Mumbai, 17.4.23.)

Kad su nevolje okolo.

I napetosti ispunjavaju vaš mozak.
Kad se posao nagomila
A ti ćeš poludjeti.

Pokušavajući pronaći mir i utjehu
Gledaš duboko u sebe.
Nešto prevlada tešku fazu
A to je nepokolebljiva vjera.

Davanje snage vašem umu
I raspršene misli skupljaju se zajedno.
Vjera u Svemogućeg
Smanjuje vaše tjeskobe i daje vam mir.

Izlet (Tafreeh)

Zadarske Morske orgulje (Zadar, Hrvatska 18/7/13 u 12 sati)

Morske orgulje Zadar.
Valovi zapljuskuju i orgulje sviraju.
Svetle vode Jadranskog mora
Sjaji i sjaji na jarkom suncu.
Došao sam izdaleka da se divim obali
I opčinjen sam slatkom glazbom Morskih orgulja.
Velike mramorne stepenice i cijevi ispod
Stvaranje glazbe kad ih valovi udare.
Ovaj arhitektonski zvučni umjetnički objekt Zadra.
Projektirao arhitekt Nikola Bašić.
2005 pa nadalje turisti su očarani ovom glazbenom instalacijom.
Ovo je čudo dobilo Europsku nagradu za urbani javni prostor.

Pozdrav zadarskom suncu (Zadar, Hrvatska 18/7/23 u 12. 22h)

Okrugla struktura na morskoj strani.

Tri stotine staklenih ploča plave boje

Na istoj razini kao i kamenom popločana riva.

Krug ima promjer 22 metra

Ispod su fotonaponski solarni moduli.

Ove foto ćelije apsorbiraju sunčevu svjetlost i noću postaju kaleidoskop.

Stoga dođite na Rivu, zadarsku šetnicu uz more.

Dođite i uživajte u živopisnom prizoru.

Bog sunca (25./3./24., 7.00 ujutro)

Sunce izlazi na istoku.

Prvo se pojavljuje narančasta kugla, a zatim blještavilo.

Za pjesnikove oči praznik.
Ona promatra kako se događa kretanje Sunca.
Od jugoistočnog do sjeveroistočnog neba.
Blistava svjetlost, blagajna Boga Sunca.

Jednog dana u zoru.
Sjedi sa svojim knjigama, spremna za čitanje.
Gleda kroz prozor u prekrasno sunce.
Odjednom se trgne od iznenađenja
Kod knjige koju je otvorila za čitanje.
Radi se o Bogu Sunca, kakva lijepa nagrada!

Prekrasan zalazak sunca (Zadar, Hrvatska 18/7/23 u 13:00)

Najveći od filmskih redatelja

Alfred Hitchcock bio je fasciniran zadarskim zalaskom sunca.

Poznata je njegova rečenica: "Najljepši zalazak sunca na svijetu".

Tako smo stali na Rivu, kamenu šetnicu i osjetili kovitlanje sreće.

Sjajno prekrasno Jadransko more.

Valovi stvaraju glazbu na Morskim orguljama.

Stajali smo hipnotizirani na rivi.

Pogledao ugodnu plavu obalu.

Ne, nismo mogli dočekati zalazak sunca.

Kako je naš vodič imao druge planove.

Ovaj prekrasan zalazak sunca, najljepši se čini.

Ali to nismo mogli doživjeti, to je ostao san.

Vožnja (od Splita do Modre špilje, 19/7/23 u 8 ujutro)

Bijelo se pjeni u moru.

Vozim se čamcem po plavom Jadranskom moru.
Moj brod ubrzava i ide brzo.
Bijeli trag pjene brzo se kreće s nama.
Split smo ostavili iza sebe.
Za sobom smo ostavili mnoge otoke.
Posvuda okolo plava voda.
Zvuk motornog čamca i ljepota okolo.
Kuće s crvenim pločicama dolaze u obzir.
Zeleno drveće na obali dolazi u pogled.
Planine daleko, daleko.
Mi od kuće daleko, daleko.
Prolazi mali čamac s putnicima.
Prolazi još jedan takav brod.
Sreća vožnje sa svojim najdražima.
Kod nas su to bistro more i nebo.

Dokle god moje oči sežu
(Mumbai, 17.45)

IBTIDA-Početak

Nakon Jadranskog mora, naše vlastito Arapsko

more Dokle mi oči sežu
More, more i more.
Golo kamenje koje se vidi zbog oseke.
Otvori za vodu svjetlucaju na suncu.
More svijetle svjetlucave plave boje
Otvorenost i ljepota, o kakav pogled!
Orlovi se obrušavaju na plijen.
Vrane grakću.
Svjetionik malo dalje.
Mreškanje valova se njiše.
Sunce sjajno sjaji
Svjetlo, svjetlo svuda okolo.
Maketa jedrenjaka s bijelim jarbolom u blizini.
Neke papige brzo bježe.
Stabla kokosa lepršaju na povjetarcu.
Voljela bih da se vrijeme može zamrznuti.

Tamo gdje se planina i more spajaju (Split do Modre špilje, 19/7/23 u 8.15 sati)

Gdje se spajaju planina i more.
Gdje se spajaju kuće i drveće popločane crvenim pločicama.
Zelene planine svuda okolo.
Valovi, klokot i zvuk motora.
Toliko kuća, toliko života.
Čudne male seoske kuće s vrijednim ženama.
Moj čamac vozi daleko od svih njih.
Ubrzava u plavom jadranskom dragulju.
Selimo se dalje od planina,
U ritmu čamca njišemo se.
Sljedeći sloj planina koje vidimo.
Dimno i sanjivo čini mi se.
Konvergencija planine i mora sada je daleko.
Jašemo naprijed da imamo sretan dan.

Što je mir? (Mumbai, 1.7.20.)

Je li mir samo smiraj kad prestane rat?

Ili je mir kada sinove učimo da se djevojke moraju poštovati i da su dobre prijateljice?

Zar je mir samo kad se vijore bijele zastave i bijeli golubovi?

Ili mir širi bratstvo i ljubav?

Je li mir samo kad potpisujemo ugovore?

Ili je mir kad uključujemo druge i poštujemo različite entitete?

Je li mir kad slavimo i uživamo?

Ili je mir kada djeci prestanemo davati oružje kao igračku?

Je li mir kad marširamo i pišemo parole?

Ili je mir kad nitko nije gladan, a želudac mu je pun riže i peciva?

Je li mir kad imamo prijatelje na svakom zavoju?

Ili je mir kad širimo sreću do kraja života?

Otac hrvatske književnosti (Split, Hrvatska, 18.7.23.)

Eno ga stoji na splitskom Voćnom trgu.
Usredotočen i pišem po knjizi.
Odjeven u kaput i hlače, kapa na glavi.
Njegov ogrtač pada u nabore.
Marka Marulića, oca hrvatske književnosti.
Pjesnik, humanist, filozof i pravnik.
Pisao je na hrvatskom, latinskom i talijanskom jeziku.
Zelenkasto crni kip s kamenim vijencem kraj njegovih nogu.
Hvaljen je kao "Kruna hrvatskog srednjovjekovlja".
Renesansni pjesnik vjerovao je u ideal univerzalnog čovjeka.
Suvremenik Martina Luthera, napisao je nevjerojatnu latinsku poeziju,
Pa su ga zvali "Kršćanski Vergilije" o, kakav podvig!

Sunčeva svjetlost na travi (Mumbai, listopad '24.)

Zeleni travnjak svjetluca na suncu.

Proleti nekoliko golubova i njihove sjene padaju na travu.

Sunčeva svjetlost igra se s lišćem Frangipanija.

Ples sjene lišća na travi.

Došlo je ono doba godine kada zmajevi lebde na travi.

Vrane gaču, a papige krešte.

A zelena zelena trava blista na suncu.

Pjesnik hoda bos po travi obasjanoj suncem.

Jutarnja rosa kvasi joj noge.

Sunčeva svjetlost na travi dodaje sjaj njenom biću.

Upija svježinu jutra.

Ona se upija u veličanstvenoj sunčevoj svjetlosti.

Tražio sam i dao si mi (Mumbai, 4/3/23)

Tražio sam i Ti si mi dao
Ispunio moje prazne ruke,
Ispunio moje prazno srce,
Napunio moju urnu do vrha.

Pa se više neću žaliti,
Žaliti se na bol,
Žaliti se na ljubomoru,
Žalite se na pogrešna djela.

Jer uvijek si tu pored mene,
Usrećujući me,
Čineći me ispunjenim,
Čineći me potpunim.

Legenda o Crnoj kraljici (Plitvička jezera, 20.7.23. u 16 sati)

Prije eona i eona pogodila je suša.
Drveće se osušilo, a životinje uginule
Sve se pretvorilo u prah.
Stijene su cvrčale pod žarkim suncem.
Ljudi su bili isušeni i umirali.
Sklonili su se u hladne pećine.
Molili su i molili Boga.
Glas im je tada rekao da idu na Vrelo života
I moliti usrdno i s punim dostojanstvom.
Da govore istinu o svojim jadima.

Glas je bio Crne kraljice.
Narod se okupljao kraj presušenog Vrela života.
Starješina plemena im je rekao da otvore svoja srca kraljici
I ne tražiti je jer se dobrota i ljubav ne vide
Ali pronaći Crnu kraljicu u sebi.
Ljudi su nastavili moliti i Crna kraljica je bila zadovoljna.
Blagoslovila ih je obiljem i kišom.
Suze su joj iz desnog oka tekle kao Crna rijeka
A suze joj iz lijevog oka teku kao Bijela rijeka.
Tako je nastalo šesnaest jezera, Plitvička jezera.

Dr. Paramita Mukherjee Mullick

Šarena Plitvička jezera (Hrvatska, 20/7/23 u 16.30)

Šarena jezera jedno za drugim.
Šesnaest jezera zajedno odvojena sedrenim barijerama.
Čudesna igra različitih boja
Zbog minerala i organizama u vodi.
Negdje azurno, zeleno ili svijetlo plavo
Ponekad sivilo, o kakav pogled!

Čarobne varijacije boja dar su prirode.
Ponekad zbog travertina, oblika taloženja kalcijevog karbonata.
Ponekad zbog interakcije sunčeve svjetlosti s mineralima i algama.
Dublje regije su plave, a pliće zelene.
Do varijacija dolazi i zbog različitih oblika algi i različitih nagiba svjetla.
Što jezera čini blistavim, šarenim i svijetlim.

PUTOVANJE (Behri safar)

Moja sjena (Plitvička jezera, Hrvatska 20/7/23 u 14 sati)

Ispružio sam ruke da zagrlim ljepotu oko sebe.
Moja me sjena oponašala bez glasa.
Jaka sunčeva svjetlost iza
Napravio oštru sjenu dobro definiranu.
Voda Plitvičkog jezera bila je smaragdnozelena.
Toliko ljepote nikad prije nije viđeno.
Vikala sam od sreće i veselja.
Ali moja je sjena ostala tiha svojom skrivenom smicalicom.
Moj voljeni me je fotografirao.
I moja sjena mi se pridružila u ovom veselju.
Volim svjetlo, a tako i svoju sjenu.
Lutalo je sa mnom po mnogim dolinama i livadama.
Pjesnik u meni, štovatelj sunca.
Tako sunce zauzvrat uvijek čini moju sjenu.

Linda (Na letu iz Frankfurta za Mumbai, 22/7/24 u 23:00)

Debeljuškasta i draga djevojka.
Služi nas na zrakoplovnoj liniji.
Trčanje gore-dolje po otoku.
Slatko, bez imalo zraka, bez imalo snobovskog stila.

Koju je strunu pogodila kod nas?
Da je postala tako draga.
Mi majka-kći duo čavrljamo cijelim putem.
Bez našeg znanja ova je djevojka došla pod naš utjecaj.

Linda, ova mlada i slatka djevojka.
Uvijek osmijeh na licu.
Došao nam je s vremena na vrijeme.
Da nam posluže dobru hranu i da povrate energiju.

Da, dobro je pazila na druge putnike.
Pitati sve što im treba.
No donijela nam je dvije kutije posebnih pralina.
Bio je tako neodoljiv, slatka scena.

Dok je let dolazio u Mumbai.
Moja kći je dala popis restorana u Mumbaiju koje treba isprobati.
Linda se nasmiješila i šapnula da joj se jako sviđamo.
Nitko od nas nije razmijenio brojeve, ali Linda je ostala u našim srcima, u našem životu.

Dakle, ova posebna pjesma za Lindu koja nam je dirnula srce.
Zauzimaju malo mjesta u našoj životnoj karti.

Dan u Zagrebu (Zagreb, 20.7.23. u 17 sati)

Što ako poseban dan postane vrlo poseban?
Što ako vam sreća oboji srce i um?
Što ako nađeš mir oko sebe?
Je li to zato što u ljubavi obilujete?

Nakon velikih vrućina u ostalim gradovima Hrvatske
Sletjeli smo u prohladan i ugodan Zagreb.
Prethodnog dana grad je pogodilo nevrijeme
Dakle, vrijeme je postalo umirujuće.

Zajedno smo prošetali do gradskog trga.
Uživao sam u kipovima i skulpturama vani.
Vidjeli smo tramvaje lijepog izgleda na tramvajskim prugama.
Zgrade u baroknom i gotičkom stilu posvuda oko trga.

Taj poseban dan postao je još posebniji u tom lijepom gradu.
Orgulje su svirale ljubavnu pjesmu u predvorju hotela.
Putovanje s voljenom osobom proslavio sam šampanjcem.
Naša kćerka je klikanjem fotografija ovjekovječila ovaj lijepi dan.

Što ako poseban dan postane vrlo poseban?
Što ako vam sreća oboji srce i um?
Što ako nađeš mir oko sebe?
Je li to zato što u ljubavi obilujete?

The Gap (Hrvatska, 19/7/23 u 13:00)

Bili smo u dalekoj zemlji na odmoru
Kupanje i uživanje u Jadranskom moru.
Od jedne plaže do druge vozio nas je motorni čamac.
U toj sreći odjednom sam se naljutila na svog čovjeka.
Pokušala sam se držati podalje, odmaknuti od njega.
Izbjegavao je razgovarati s njim, držao se podalje od njega.
Došli smo do druge plaže s bijelim pijeskom i šljunkom.
Iz našeg motornog čamca morali smo uskočiti u drugi čamac.
Između dva čamca bio je razmak
Moj čovjek je pomogao našem djetetu i meni da skočimo.
Zatim smo obišli plažu.
Pljuskao i valjao se u vodi.
Moja se obitelj vratila na naš motorni čamac.
Sjedio sam okolo, bio sam ljut.
Nakon dugo vremena stigao sam do procjepa između čamaca
Moj čovjek je stajao na vrućini da mi pomogne da skočim.
Ispružila sam ruku da ga uhvatim za ruku.
Moj čovjek, moj prijatelj, moj muž.

Olimpijski plamen (nakon posjeta Olimpijskom muzeju u Lausanni, Švicarska, 14.7.23.)

Olimpijski plamen, simbol olimpijskog pokreta.
Širiti mir i boljitak svijeta.
Povoljan plamen zapaljen je u Olimpiji u Grčkoj.
Prije svake Olimpijske igre to je službeno izdanje Igara.
Plamen se nosi u baklji sve do mjesta,
U štafeti olimpijske baklje i plamen se održava svim silama.
Tijekom godina izrađivane su različite inovativne svjetiljke
Kako bi se osiguralo da plamen gori, koriste se posebni zupčanici.
Paljenje olimpijskog kotla uz plamen.
Zasljepljujuća igra jedinstva i slave.
Olimpijski plamen podsjeća nas na svetu vatru u staroj Olimpiji.
Svake četiri godine kada je Zeus bio počašćen u drevnim igrama
Vatra je zapaljena u njegovom hramu i hramu njegove žene Here.
Božanstvenost vatre poštuje se od davnina.
Skupina žena odjevenih kao vestalske djevice
Izvedite ritual i tada počinje slavlje.
Parabolično zrcalo skuplja zrake Sunca.
Na ovaj način plamen se pali, a zatim pokreće relej i trčanje.
Velika svećenica daje grčkom sportašu baklju i maslinovu grančicu.
Sportaš pokreće štafetu olimpijske baklje za početak Igara.
Plamen nade i sreće ide iz jedne ruke u drugu
Napredovanje misije Pokreta i njegovo jačanje.
Vatra gori tijekom cijelog trajanja Igara.

Briljantni sportaši i sportaši, sve velika imena.

Ovaj plamen podržava vrijednosti olimpijskog pokreta.

Vrijednosti koje promoviraju izvrsnost, poštovanje i prijateljstvo na svakom koraku.

Malo vremena za Green Room (na letu, 19.4.22.)

Sav svijet je pozornica, a mi smo dobri glumci.
Publika gleda iz svojih naslonjača uz čašu vina.
Postati bolji akteri na našem putu.
Koliko se smiješiti i kako sakriti emocije.
Prag činjenja dobra za druge.
Granica nakon koje vam drugi stepuju na glavi.
Malo predaha od glume u našoj zelenoj sobi.
Opuštanje s našim najdražima.
Samo biti naše izvorno ja.
Nema lažnih osmijeha, nema skrivanja emocija.
Davanje i dijeljenje jedni s drugima,
Bez ikakve napetosti eksploatacije.

Cijeli svijet je pozornica, a svi smo mi glumci.
Šminka slatkog ponašanja, širok osmijeh poput lutke.
Kao oličenje pristojnosti,
Iako iznutra bjesniš
Budući da vidite svjetlucanje bodeža za ubadanje u leđa.
Ali ipak biti ljubazan i fin.
O kakvo olakšanje vrijeme zelene sobe!
Da pustite kosu i udahnete neko vrijeme svježeg zraka.
Bez konkurencije, bez povlačenja, samo podrška.
Potičući jedni druge da idu naprijed.
Bez jakog scenskog svjetla presude
Ali ljudi koji vam daju utjehu i kojima možete iskaliti frustracije.

Um je kralj (Mumbai, 18.8.22.)

Svi objekti svijeta su nepovezani.

Njih povezuje i pridružuje naš um.

Ljudi koji su blizu mogu se činiti vrlo daleko.

Opet, ljudi prilično udaljeni mogu se činiti blizu.

Bijes i mržnja postaju nepodnošljivi našim mislima.

Ljubav postaje intenzivna uzburkavanjem privrženosti u našim umovima.

Gorčinu i slatkoću stvara naš um.

Misli stvaraju, a misli uništavaju.

Sfinga (Split, Hrvatska, 18.7.23.)

Ogromna granitna sfinga stajala je ispred Jupiterovog hrama.
Jedna od dvanaest sfingi koje su se nalazile u Dioklecijanovoj palači.
Struktura tako stara, tako stara oko 3500 godina.
Samo tri su preživjele zub vremena, a ovo je jedan od njih.
Rimski car Dioklecijan doveo ih je iz Egipta,
Sfinga bez glave stajala je tiha i beživotna.

Prije mnogo vremena ovu su sfingu izradili egipatski zidari
Tako drevna, nosi toliko priča, toliko povijesti.
Možda je faraon Tutmozis III naredio da se napravi sfinga.
Opet Jupiterov hram govori o drugom vremenu.
Sada bezglava sfinga čuva Hram.
Slojevi povijesti spojeni na jednom mjestu i vremenu.

Različite istine (U letu, 4.13.22.)

Jedan incident, različita gledišta.
Jedna situacija, različite misli i ideje.
Isto se događa, druga analiza.
Različiti izrazi, različiti zaključci.

Različite istine za različite ljude.
Različite istine za različite kulture.
Različite istine za različita uvjerenja.
Različite istine za različite emocije.

Jedan incident, različiti načini razmišljanja
Za različite generacije i različite faze života.
Jedna situacija, različita uzbuđenja i uzbuđenja.
Drugačija tuga, drugačija sjećanja.

Različite istine za različita osjetila.
Različite istine za različite regije
Različite istine za različita godišnja doba.
Različite istine za različite životne razloge

Oblaci su jurili na mene (U letu, 7.2.22.)

Krilo aviona stršilo je.
Oblaci su me jurili, nova sreća ipak je nikla.
Neki pufasti, neki puderasti
Neki lebde ispod, neki krzneni.
U trenutku kad su me prekrili oblaci,
Neravni, opojni osjećaj.
Oblaci, oblaci svuda okolo
U radosti i sreći, obilovao sam.
Tada mi se ukazao grad koji volim.
Zeleni dijelovi močvare,
Most koji spaja dva dijela grada.
Visoki neboderi pucaju u oblake.

Zakoračite u vlastitu čaroliju (Na letu, 22/9/22)

Dođe vrijeme kada si sam.
Osjećate se usamljeno iako ste voljeni i poznati.
Tada zakoračite u vlastitu čaroliju.
Ispuni svoj život srećom, prevladaj tragično.
Tada počinješ voljeti sebe,
Ugađanje sebi do vrha.
Transformacija, promjena vaših misli i snova.
Tada sve izgleda zanimljivo i novo.
Učiti nove stvari, okruživati svoj štapić.
Budite najbolji, budite vlastiti brend.
Ples uz vlastitu glazbu i vlastitu melodiju.
I uskoro ćete zakoračiti u vlastitu čaroliju.

Hvatanje trenutaka (U letu, 22/9/23)

Pjesnik sam, ali i hvatač snova.
Nemam perje u boji, ali imam cipele za ples.
Svaki lijepi trenutak budnosti za mene je san.
Bilo da sam na poslu ili u blizini bisernog mora.

Pokušavam uhvatiti svaki trenutak radosti.
Svaki rascvjetani cvijet s pčelom koja lebdi.
Važan mi je svaki mali trenutak.
Bilo u pustinji ili u zelenilu.

Dok urezujem trenutke u moje srce.
Pokušavam riješiti otrovne strijele.
Pokušavajući uhvatiti sreću na svakom zavoju.
Imam svoj mobilni fotoaparat kao prijatelja.

Klikom oduzimajući dragocjena vremena.
Pohranjujem ih u svoje memorijske enzime.
Ove fotografije su vrata sjećanja.
Da me njeguju kad me srce boli.

EKSPEDICIJA (faur)

Blue Mist (Modra špilja, Hrvatska, 19/7/23 u 12 sati)

Ušli smo u plavi svijet
Kroz pukotinu špilje.
Naš čamac je ušao
I bili smo u čarobnom vrtlogu.

Zidovi pećine skroz plavi.
Voda sjajna i blistava.
Plavo, plavo posvuda.
O kakav jedinstven pogled!

Mobitele smo čvrsto držali u šaci.
Svjetla kamere bljeskala su poput bajkovitih svjetala.
Lađar je veslao čamcem oko špilje.
Svi smo bili hipnotizirani u plavoj magli.

Željezno prijestolje (Dubrovnik, 15.7.23.)

Sjedila sam na Željeznom prijestolju i osjećala sam se kao kraljica.

Viknuo sam: "Daenerys Targaryen napravi mjesta za novu kraljicu na željeznom prijestolju".

Ondje je stajalo prijestolje sastavljeno od tisuća željeznih mačeva.

Prijestolje za koje su se borili neprijatelji i za koje su ubijali svoje.

Dubrovnik s prekrasnim Starim Gradom i tvrđavom.

Dubrovnik koji je postao poznat po popularnoj web seriji.

Prošetali smo uličicama Starog grada.

Čuveni grad iz 'Igre prijestolja' sa svojom prekrasnom poviješću.

Vidjeli smo crkve i pristanište.

Pokušali smo odgonetnuti dubrovačku misteriju.

Dubrovnik s prekrasnim Starim Gradom i tvrđavom.

Dubrovnik koji je postao poznat po omiljenoj seriji.

U srednjem vijeku ljudi su živjeli samo unutar Starog grada.

Ovaj grad su izgradile rimske izbjeglice u sedmom stoljeću.

Zidine Starog grada isprva su bile drvene.

Potom posvuda okolo ograde kamenim zidovima kako bi se zaštitili od neprijateljskog bijesa.

Kraljev desant snimljen je u dubrovačkom Starom gradu

A Crvena tvrđava je snimljena u tvrđavi St. Lawrence.

Marin Držić' (Dubrovnik, 15.7.23.)

Na kraju Glavne ulice i na trgu
U starom gradu Dubrovniku,
Brončani je kip hrvatskog književnika Marina Držića.
Širok ogrtač oko njega i spokojan izraz lica.
Kip je zagasito siv, ali nos mu je sjajan.
Postoji mit, ako mu turisti dotaknu nos, vratit će se u Dubrovnik.

Pjesnik u meni bio je sretan što je upoznao ovog velikog renesansnog pisca.
Poznate su bile njegove komedije i lirske pjesme.
On je bio taj koji je razvio dubrovački dijalekt.
Među gotovo stotinu hrvatskih dijalekata ovo je narječje posebno.
Tako je fascinantno pomisliti da osoba iz šesnaestog stoljeća živi.
Živi na trgu Starog grada u Dubrovniku.

Drvo ružičastog oleandra (Dubrovnik, 15.7.23.)

Naišao sam na stablo ružičastog oleandra u uličicama Starog grada.
Čuo sam mitove i priče o otrovnom lišću drveta.
Kako bi ljudi uzgajali ružičasti oleander da ubiju svoje neprijatelje.
Kako je ružičasti oleander bio dekorativan, ali i zaštitnički.
Zamišljao sam davne dane Starog grada.
Vratio sam se stoljećima unatrag u dubrovačkom Starom gradu.
Stablo ružičastog oleandra u trgovčevom vrtu.
Stablo ružičastog oleandra prekriveno ružičastim cvjetovima.
Vidio sam sretno lice trgovca.
Vidio sam ljepotu stabla ružičastog oleandra.
Ali ovu ljepotu uništiti drugu?
Ali ovo odlikovanje drugome oduzeti život?
O Ružičasti oleander s tvojim divnim cvjetovima!
O ružičasti oleander! Samo budi lijepa, a ne opasno lijepa.

Moji hramovi (Mumbai, 9.12.20.)

S toliko ljepote posvuda.

S toliko ljubavi u izobilju.
Uz divne čudesne zvukove.
Sa voljenima posvuda.

Napravio sam hramove u svom umu.
Gdje vežu zvona misli i brige.
Skupljam suvenire ljubavi gdje god ih nađem.
Prijateljujem s dobrim ljudima koji su nježni i dragi.

S toliko smijeha naokolo.
Dobrotom i nježnošću obilujem.
Uz cvrkut ptica i zvukove klokotanja beba.
S mirom i skladom koji se nalazi.

Napravio sam hramove u svom srcu.
Pjevanje drži podalje strelice negativnosti.
Uspomene i sadašnjost ne držim odvojeno.
Ovi hramovi zauzimaju dobrotu na vrhu ljestvice.

Kad svi okovi raskinu (Mumbai) Molim

se da jednog dana svi okovi raskinu.
Narančasta se stapa sa zelenom.

Bijelci i crnci se miješaju.
Ne bi li to bio prekrasan prizor?

Molim se da jednog dana svi okovi raskinu.
Zajedno zvoni hram, džamija i crkveno zvono.
Svi će imati poštovanja prema drugima.
To će doista biti jedan dan.

Molim se da jednog dana svi okovi raskinu.
Slojevi ljubomore i mržnje prestaju.
Nema više kritiziranja i osuđivanja drugih
, tada će zavladati mir i svi će biti prijatelji.

Svjetla na Viktorijinom spomeniku (Kolkata, 31.10.24. u 17.50)

Bijeli mramorni spomenik svijetli.
U blijeđem svjetlu sumraka
Spomenik oživljava.
Svjetluca i zasljepljuje.
Kupole svjetlucaju, kao i stupovi.
Isplela se eterična priča.
U srcu grada Kolkate
Victoria Memorial oživljava.
Anđeo na vrhu stoji tiho.
Iznad leti nekoliko vrana.
Stabla okolo šute.
 Ptice koje su se vratile kući prestale su cvrkutati i zaspale.
Zujanje cvrčaka dodaje tajanstvenost noći.
Bijeli mramorni spomenik svijetli.

U potrazi za ljubavlju (Kolkata, 23.11.24.)

U potrazi za ljubavlju otišao sam u svijet.
Išao sam u planine i išao sam na more.
Tražio sam i tražio ali uzalud.
Odjednom su prve kapi ljubavi pale kao kiša.

U potrazi za ljubavlju otišao sam u svijet.
Išao sam u doline i išao sam u polja.
Tražio sam i tražio, ali nigdje nisam pronašao ljubav.
Ptice su cvrkutale i ja sam pronašao ljubav u jutarnjem zvuku.

U potrazi za ljubavlju otišao sam u svijet.
Bio sam prevaren i povrijeđen na svakom koraku.
Kad sam mislila da više nema ljubavi i da su sve laži.
Staračka me ruka čvrsto držala i pronašla sam ljubav u njegovim očima.

Drvo govori (Mumbai, 19/6/22)

Uvijek iznova me pokušavaju iščupati sjekirama.
Ali moj me vrtlar drži na zemlji, drvosječe se uzalud trude.
Oštar vjetar trese me do srži.
Korijeni me drže, ne bojim se njihove huke.
Kiša koja šiba me snagom tuče.
I dalje sam jak, ne zaboravljajući svoj put.
Starost me hvata, pokušava me učiniti slabom.
Ali ja raširih svoje grane, sreću da tražim.
Tlo ispod mene ponekad se ispire
Moje korijenje raste dublje da se drži tla koje se rimuje.
Neka druga stabla pokušavaju zadržati sunce
Podižem svoje grane više da pobijedim u trčanju.
Zeleno, zeleno drvo sam ja.
Gledajući gore, stojeći uspravno i visoko.

Dioklecijanova palača (Split, Hrvatska, 18.7.23.)

Ušli smo u palaču rimskog cara Dioklecijana.
S avanturom u srcima i radoznalošću u očima,
Ušli smo u palaču iz četvrtog stoljeća u starom gradu Splitu.
Ogromne dvorane i krovovi ostavili su nas zaprepašteni.
Južni dio bio je rezidencija cara,
Dok je ostatak bio vojni garnizon.
Zlatna vrata ili Sjeverna vrata bila su glavna vrata palače.
Bila su ukupno četiri vrata i sve smo ih vidjeli.
Uzbuđenje vidjeti dobro očuvane podrume u palači.
Naš vodič nam je rekao kako su debeli zidovi održavali podrume hladnim.
Željezna vrata na zapadu jedina su vrata koja su bila u stalnoj uporabi.
Stajao sam kod Vestibula s kupolastim nepokrivenim krovom.
Prenijela sam se u davna vremena i osjećala sam se kao kraljica.
U četiri ugla predvorja trebala su biti smještena nepoznata božanstva.
Na središnjem trgu carskog kompleksa vidjeli smo Jupiterov hram.
Sprijeda je sjedila jedna od dvanaest sfingi koje je Dioklecijan donio iz Egipta.
Bili smo uronjeni i natopljeni misterijom i poviješću Palače.

The Dragon Room (Split, Hrvatska (18.7.23.)

Daenerys zaključava dva svoja zmaja Viseriona i Rhaegala unutar velike piramide.

Priča o 'Igri prijestolja' ide ovako.

Za snimanje Zmajeve sobe korišteni su podrumi Dioklecijanove palače.

Moj maštoviti um mogao je zamisliti zmajeve tamo.

U podrumima iz četvrtog stoljeća zmajevi su oživjeli,

Bljujući vatru i dim na sve strane.

Njihove krvave oči gledaju nas.

Zaključani zmajevi mašu ogromnim krilima.

Zmajevi sikću i riču.

Ponekad gazeći svojim ogromnim nogama.

Podrumi se tresu od udarca.

Tako se u ovom drevnom podrumu odvijala priča o davnim vremenima.

The Cellars of the Palace (Split, Hrvatska, 18.7.23.)

Još uvijek postoje podrumi Dioklecijanove palače iz četvrtog stoljeća.

One su nadvladale zub vremena i najočuvanije su.

Strop podruma napravljen je od bjelanjka, pijeska, mekog vapna i morske vode.

Ogromni podrumi s glatkim stropovima.

Podrumi imaju velike lukove i stupove.

Služile su za skladištenje hrane i vina.

Postoji čak i ostatak vinske preše.

Budući da su podrumi i imaju debele zidove, podrumi su ostali hladni.

Drvene grede su sačuvane zahvaljujući okamenjenosti.

Rupe u stropu pokazuju vrijeme kada je ruševina bačena.

Podrumi su bili ulaz u palaču za one koji su dolazili s mora.

Kao zrcalna slika kraljevske rezidencije iznad, podrumi su također podržavali rezidenciju.

O autoru

Dr. Paramita Mukherjee Mullick

Dr. Paramita Mukherjee Mullick je nagrađivana pjesnikinja čije su pjesme prevedene na više od 45 svjetskih jezika. Ona je znanstvenica, nacionalna znanstvenica, prosvjetna djelatnica i književna kustosica. Objavila je 11 knjiga. Promiče mir, višejezičnu i autohtonu poeziju. Svojim pjesmama osvješćava druge o očuvanju i klimatskim promjenama. Paramita je blagoslovljen brojnim nagradama, a posljednja je Ukiyoto nagrada za pjesnika godine; jedna od šest žena diljem Indije koje su dobile nagradu na temu "Žene: rušenje prepreka, vođenje budućnosti, oblikovanje promjena" i jedna među dvadeset koje su dobile "Mumbai Woman Leadership Award 2024". Predsjednica je i inicijatorica Mumbai ogranka Intercultural Poetry and Performance Library (IPPL) te kulturna voditeljica i književna koordinatorica (Zapadna Indija) Međunarodnog društva za interkulturalne studije i istraživanje (ISISAR). Živi u Mumbaiju u Indiji sa suprugom i kćeri.

www.ingramcontent.com/pod-product-compliance
Lightning Source LLC
LaVergne TN
LVHW041629070526
838199LV00052B/3290